Inhalt

Medizintechnik - Weltmarktführer wollen weg vom reinen Produktgeschäft

Kernthesen

Beitrag

Fallbeispiele

Zahlen und Fakten

Weiterführende Literatur

Impressum

Medizintechnik - Weltmarktführer wollen weg vom reinen Produktgeschäft

Autor GENIOS BranchenWissen: A.Schneider

Kernthesen

- Die Weltmarktführer Siemens, GE und Philips wollen weg vom reinen Produktgeschäft hin zu Komplettlösungen aus Geräten, Labordiagnostik und Software.
- GE sagte jedoch kürzlich überraschend die geplante Übernahme von Abbott Laboratories ab.
- Der Branchenumsatz der deutschen Medizintechnik lag 2006 bei knapp 16 Milliarden Euro und damit um acht Prozent über dem Vorjahresergebnis.

- Die größten medizintechnischen Anbieter in Deutschland sind Siemens Medical Solutions, B. Braun Melsungen und die Drägerwerke.

Beitrag

Augen sehen schlechter, Ohren hören weniger, Zähne fallen aus, der Rücken schmerzt, die Knochen schwinden, die Gelenke spüren die Belastung, das Herz pumpt nicht mehr so wie es soll das Altern geht nicht spurlos. Zum Glück schreitet der medizinische Fortschritt voran. Das Angebot an Ersatzteilen wird größer. Augenlaseroperationen, Hörgeräte, Zahnimplantate, Hüftprothesen und Herzschrittmacher haben Hochkonjunktur.

Vielfältiges Leistungsspektrum - Zahnmedizin, Kardiologie und Orthopädie mit großem Potenzial

Das Leistungsspektrum der Branche ist sehr vielfältig. Knapp 40 Prozent des Marktes entfallen auf Operationsgeräte und material, gute 25 Prozent auf Informationstechnologie und knapp 11 Prozent auf

Diagnosegeräte und bildgebende Systeme [Abb.1]
Hergestellt werden spezielle Verbrauchsprodukten wie Katheter und Sensoren, Implantate und Prothesen, Arzneimittel freisetzende Stents, Defibrillatoren, Hightech-Diagnosegeräten wie Kernspintomographen, EKG-Schreiber und Ultraschallgeräte, bildgebende Diagnostik, wie Magnetresonanztomographie (MRT) und Elektroenzephalografie (EEG) und neue Medikamente.

Die Forscher und Entwickler arbeiten in der Medizinischen Informatik, Signalverarbeitung physiologischer Signale, Biomechanik, an Biomaterialien und in Biotechnologie, in der Systemanalyse oder auch der Erstellung von 3-D-Modellen.

Zahnmedizin, Kardiologie und Orthopädie gelten als Teilbereich mit sehr großem Potenzial. Ein attraktiver neuer Sektor in der Medizintechnik ist die Molekulare Diagnostik. Hier geht es darum, Krankheiten wie Krebs oder Aids schneller und sicherer nachzuweisen als mit herkömmlichen Diagnosemethoden. Das Marktvolumen beträgt derzeit 6,5 Milliarden Dollar. Bei erwarteten Wachstumsraten von 23 Prozent jährlich würde es bis zum Jahr 2015 auf 35 Milliarden Dollar klettern. Unternehmen in diesem Bereich sind die schweizerische Tecan, Weltmarktführer auf dem Gebiet der Laborautomation, die deutschniederländische Qiagen und die amerikanische Millipore. (1), (2)

Komplettlösungen im Trend alles aus einer Hand

Die Weltmarktführer Siemens, GE und Philips verfolgen derzeit scheinbar dieselbe Strategie. Sie wollen weg vom reinen Produktgeschäft hin zu Komplettlösungen aus Geräten, Labordiagnostik und Software. Mit passenden Unternehmensübernahmen versuchen sie ihr Geschäftsmodell dementsprechend aufzustellen. Kliniken sollen nicht mehr nur mit einzelnen Computertomographen, Kernspingeräten oder Laborrobotern ausgestattet werden, sondern komplette Hightech-Diagnostiklösungen erhalten, bei denen medizinische Bilder und Laborwerte eng mit den Informationen aus einer elektronisch vorliegenden Krankengeschichte verzahnt werden. Einsatzgebiete sind die Kardiologie oder die Krebsmedizin.
Die Medizintechnik soll mithilfe der Klinik-IT vernetzt werden. Die modernen diagnostischen Geräte der Medizintechnikanbieter spucken jede Menge Daten aus, mit integrierten diagnostischen Lösungen aus Bildgebung, Datenbanken und Labordiagnostik sollen

sie zusammengeführt werden und den Ärzten bei Bedarf auf Knopfdruck zur Verfügung stehen und ein umfassendes Bild über den Krankheitszustand des Patienten ermöglichen.
Noch mangelt es freilich in den meisten Fällen am Geld für derart teure Ausstattungen. In Frage kommen sie fast nur in Spezialkliniken wie beispielsweise beim neuen Herzkatheterlabor des Deutschen Herzzentrums Berlin (DHZB). Rund 1,2 Mio. Euro hat das Berliner Zentrum für die Aufrüstung des Labors ausgegeben. (3), (4)

Internationale Medizintechnik - Weltmarktführer GE vor Siemens und Philips, Quereinsteiger Johnson & Johnson

Die Deutschen geben heute zehn Prozent ihrer Wirtschaftsleistung für das Gesundheitswesen aus. In den USA sind es 15 Prozent, in Asien nur fünf Prozent. Der weltweit etwa 600 Milliarden Dollar schwere Gesamtmarkt für Medizintechnik wächst mit zweistelligen Zuwachsraten. Tendenz anhaltend. Als Weltmarktführer gelten General Electric vor Siemens und Philips. Außerdem drängen neue asiatische Hersteller von Ultraschallgeräten, Computer- und

Magnetresonanztomographen auf den Markt. Siemens bekommt die Konkurrenz durch Toshiba aus Japan bereits zu spüren. Auch etablierte Konzerne anderer Branchen wollen in die Medizintechnik mit ihren attraktiven Wachstumsraten, so beispielsweise der US-Konsumgüterhersteller Johnson & Johnson. [Abb.2], (5)

Daneben gibt es eine große Zahl von mittleren und kleineren, teils sehr wachstumsstarken Nischenunternehmen. Zimmer ist in der Orthopädie bei künstlichen Hüft- und Kniegelenken mit einem Anteil von 28 Prozent Marktführer vor Johnson & Johnson und Stryker. Synthes ist gemeinsam mit Medtronic und Johnson & Johnson in der Wirbensäulenchirurgie führend. Phonak liegt als Hörgerätehersteller Kopf an Kopf mit Siemens und William Demant. Alcon hat eine beachtliche Marktstellung in der Augenchirurgie. Marktführer bei den Zahnimplantaten ist die Schweizer Firma Nobel Biocare. Micrus stellt Mikrospiralen zur Schlaganfall-Prävention her. Abiomed bietet eine neuartige Herzpumpe an. (6)

Die hohen Wachstumsraten im Gesundheitsbereich sind auch für Finanzinvestoren zunehmend interessant. So gingen in den vergangenen Monaten die Klinikketten HCA und Capio, der Gesundheitsdienstleister Gambro und die

Medizintechnikfirmen Mölnlycke und Biomet an Finanzinvestoren. Biomet, der US-Hersteller von orthopädischen Implantaten war Mitte Dezember für knapp elf Milliarden Dollar von einer Investorengruppe um die Private-Equity-Gesellschaft Blackstone übernommen worden. Das Entwicklungsrisiko ist in der Medizintechnik weit geringer als in der Pharmaindustrie.

Der deutsche Markt für Medizintechnik der Export beflügelt das Geschäft

Der Branchenumsatz lag 2006 bei knapp 16 Milliarden Euro und damit um 8 Prozent über dem Vorjahresergebnis. Für das laufende Jahr wird eine ähnlich gute Entwicklung erwartet. Im Inland wird im Gesundheitswesen nach wie vor gespart, hier stieg der Umsatz nur um gute drei Prozent. Die gute Entwicklung der deutschen Medizintechnikanbieter ist vor allem dem Ausland zu verdanken. Der Auslandsumsatz lag mit über 10 Milliarden Euro um 11 Prozent über dem Vorjahresniveau, was zu einer Steigerung der Exportquote auf nun 64,1 Prozent führte. Das meiste geht in die Europäische Union (rund 39%), Nordamerika (rund 25%) und Asien (rund

14%).

Die Beschäftigtenzahl in den etwa 1 200 Unternehmen blieb mit rund 87 700 Mitarbeitern praktisch konstant. Nach Angaben des Branchenverbandes Spectaris ist Baden-Württemberg das Bundesland mit der höchsten Zahl von Betrieben in der Medizintechnikindustrie. Dahinter liegen Nordrhein-Westfalen und Bayern. Die größten medizintechnischen Anbieter in Deutschland sind Siemens Medical Solutions, B. Braun Melsungen und die Drägerwerke [Abb.3].

Die Branche ist innovativ: Der Anteil der Ausgaben für Forschung und Entwicklung am Gesamtumsatz betrug durchschnittlich 8,8 Prozent.
Um gemeinsam medizintechnische Produkte zu entwickeln und zu vermarkten, haben sich sieben deutsche Kompetenzzentren zu der German Medical Technology Alliance (GMTA) zusammengeschlossen. Zu den Mitgliedern zählen die Kompetenzzentren für Hörgeräte-Systemtechnik, für Minimal Invasive Medizin und Technik, für Informatik, für Ophthalmo Innovation Thüringen, für miniaturisierte Monitoring- und Interventionssysteme sowie das medizintechnische Kompetenzzentrum in Aachen. (7), (8), (9)

Fazit

Die Weltmarktführer in der Medizintechnik haben mit ihren derzeitigen Strategien durchaus zu kämpfen. Bei Johnson & Johnson fiel im Medizintechniksegment der Umsatz im zweiten Quartal im Geschäft mit Herzgefäßstützen (Stents), wenngleich der Konzern dennoch in allen drei Sparten ein Umsatzwachstum hinlegte. GE beißt sich an Abbott die Zähne aus, und Roche stößt bei Ventana nicht auf offene Türen. Philips will ebenfalls künftig durch Übernahmen sein Geschäft stärken, verzeichnet jedoch im zweiten Quartal 2007 eine nachlassende Dynamik in seinem Medizintechnikgeschäft.
Und die Siemens Medizintechnik hat sich zwar durch erfolgreiche Übernahmen in eine gute Position gebracht, aber auch hier gilt es erst einmal, die versprochenen Synergien rasch zu realisieren.

Fallbeispiele

Siemens

erwarb im vergangenen Jahr für insgesamt rund sechs Milliarden Euro das Diagnostikgeschäft des Pharmakonzerns Bayer sowie das amerikanische Diagnostikunternehmen Diagnostic Products Corp. (DCP). Damit will Siemens aus dem traditionellen Geschäftsmodell mit Großgeräten wie Computertomographen und Röntgengeräten aussteigen und ein Komplettangebot für bildgebende Diagnostik und Labordiagnostik aufbauen.das weltweite Geschäft mit Labordiagnostik - beispielsweise Blutanalysen - wächst zurzeit mit rund sieben Prozent pro Jahr und hatte zuletzt ein Volumen von rund 26 Milliarden Euro.Der US-Konzern **General Electric (GE)** wollte zwei Diagnostiksparten des US-Pharmakonzerns Abbott Laboratories übernehmen. Doch diese Pläne wurden jüngst überraschend abgesagt, da man sich nicht einig werden konnte. Der Kauf hätte dieselbe Strategie verfolgt wie Siemens. Der US-Konzern wäre mit Abbott zum zweitgrößten Anbieter von so genannten In-Vitro-Diagnostika nach Roche geworden. (10)

Roche

wiederum will tief in die Tasche greifen für den US-Wettbewerber Ventana. Durch die Übernahme von

Ventana, einem führenden Unternehmen im Segment gewebebasierter Diagnostika, will Roche sein diagnostisches Angebot weiter ausbauen und seine führende Stellung bei in vitro diagnostischen Systemen und Krebstherapien stärken. Ventana stellt klinische Geräte her, die bei der Diagnose und der Behandlung von Krebs und Infektionen eingesetzt werden.das derzeitige Übernahmeangebot bewertet den US-Konkurrenten mit dem 58-fachen des geplanten Gewinns für 2006. Bis jetzt lehnt das Ventana-Management die Zusammenarbeit ab.

Zahlen & Fakten

Markt für medizintechnische Geräte nach Verwendung 2005

Geräte	in Prozent
Operationsgeräte und -material	37,9
Informationstechnologie	25,5
Diagnosegeräte und bildgebende Systeme	10,7
Andere Geräte, Service	25,9
Volumen in Milliarden Euro	233 *

* Umrechnungskurs Dollar: Jahresdurchschnittskurs 2005 der EZB   GBI-Geros Grafik

Quelle: Destatis, F.A.Z.-Archiv, Medistat, OECD Health Data 2006, Philips, Spectaris

Entnommen aus: Frankfurter Allgemeine Zeitung vom 12.03.2007

Top 12 Konzerne der Medizintechnik nach Umsatz 2005

Rang	Unternehmen	Land	in Milliarden Euro
1	Johnson & Johnson	USA	15,4
2	General Electric	USA	12,2
3	Medtronic	USA	8,1
4	Baxter	USA	7,9
5	Siemens	Deutschland	7,6
6	Tyco Healthcare	USA	6,8
7	Philips	Niederlande	6,3
8	Boston Scientific	USA	5,1
9	Becton Dickinson	USA	4,3
10	Stryker	USA	3,9
11	3M Healthcare	USA	3,5
12	Guidant *	USA	2,9

* Unternehmen wurde Anfang 2006 von Boston Scientific übernommen

Quelle: Nord LB, Medistat, Spectaris, Destatis, F.A.Z.-Archiv

Entnommen aus: Frankfurter Allgemeine Zeitung vom 25.03.2007

Top Pharmaunternehmen nach Umsatz in Deutschland 2006

Unternehmen	in Milliarden Euro
Siemens	8,2
B. Braun	3,0
Drägerwerk	1,2
Karl Storz	0,6
Otto Bock	0,4
Sirona Dental	0,4
Carl Zeiss Meditec	0,4
KaVo Dental	0,1
Wavelight	0,1

GBI-Genios Grafik

Quelle: Destatis, F.A.Z. -Archiv, Medistat, OECD Health Data 2006, Philips, Spectaris

Entnommen aus: Frankfurter Allgemeine Zeitung vom 12.03.2007

Weiterführende Literatur

(1) Wachstumsbranche als Börsen-Mauerblümchen
Die Medizintechnik expandiert unabhängig vom Konjunkturzyklus - Doch die Vielgesichtigkeit des Sektors schreckt Anleger ab
aus DIE WELT, 05.07.2007, Nr. 154, S. 19

(2) Gute Chancen auch für Seiteneinsteiger Die Zukunftsbranche Medizintechnik hat einen hohen Bedarf an qualifizierten Mitarbeitern
aus DIE WELT, 14.07.2007, Nr. 162, S. B7

(3) Diagnostik: Alles aus einer Hand
aus VDI NR. 23 VOM 08.06.2007 SEITE 24

(4) Hier nicht reinschreiben Als Komplettanbieter versuchen die großen Medizintechnikkonzerne, den Krankenhausmarkt zu erobern - bislang mit mäßigem Erfolg. Die Klinikchefs sind skeptisch Philipp Grätzel von Grätz
aus Financial Times Deutschland vom 05.07.2007, Seite MP11

(5) Konzerne im Einkaufsfieber
aus Süddeutsche Zeitung, 07.07.2007, Ausgabe Deutschland, Bayern, München, S. V2/15

(6) Kerngesunde Investments Medtech-Aktien gehört die Zukunft. Denn auf Grund des demographischen Wandels rechnet die Branche mit konstant hohen Zuwachsraten. MEDIZINTECHNIK
aus Börse Online vom 12.07.2007, Seite 26

(7) SPECTARIS, Branchenbericht Medizintechnik 2007, www.spectaris.de, 20.04.2007
aus Börse Online vom 12.07.2007, Seite 26

(8) Baden-Württemberg und Bayern vorn
aus Süddeutsche Zeitung, 07.07.2007, Ausgabe

Deutschland, Bayern, München, S. V2/16

(9) Gemeinsame Anstrengungen
aus Süddeutsche Zeitung, 07.07.2007, Ausgabe
Deutschland, Bayern, München, S. V2/16

(10) GE verpatzt Milliardenkauf General Electric sagt
8-Mrd.-Dollar-Übernahme von Diagnostik-Anbieter
ab · Siemens profitiert
aus Financial Times Deutschland vom 13.07.2007,
Seite 1

Impressum

Medizintechnik - Weltmarktführer wollen weg vom reinen Produktgeschäft

Bibliografische Information der deutschen Nationalbibliothek

Die Deutsche Nationalbibliothek verzeichnet diese Publikation in der deutschen Nationalbibliografie; detaillierte bibliografische Daten sind im Internet über http://dnb.d-nb.de abrufbar.

ISBN: 978-3-7379-2737-6

© 2015 GBI-Genios Deutsche Wirtschaftsdatenbank GmbH, Freischützstraße 96, 81927 München, www.genios.de

Alle Rechte vorbehalten. Dieses Werk ist einschließlich aller seiner Teile – z.B. Texte, Tabellen und Grafiken - urheberrechtlich geschützt. Jede Verwertung außerhalb der Grenzen des Urheberrechtsgesetzes bedarf der vorherigen Zustimmung des Verlags. Dies gilt insbesondere auch für auszugsweise Nachdrucke, fotomechanische

Vervielfältigungen (Fotokopie/Mikroskopie), Übersetzungen, Auswertungen durch Datenbanken oder ähnliche Einrichtungen und die Einspeicherung und Verarbeitung in elektronischen Systemen.